MW01519248

Name

Address

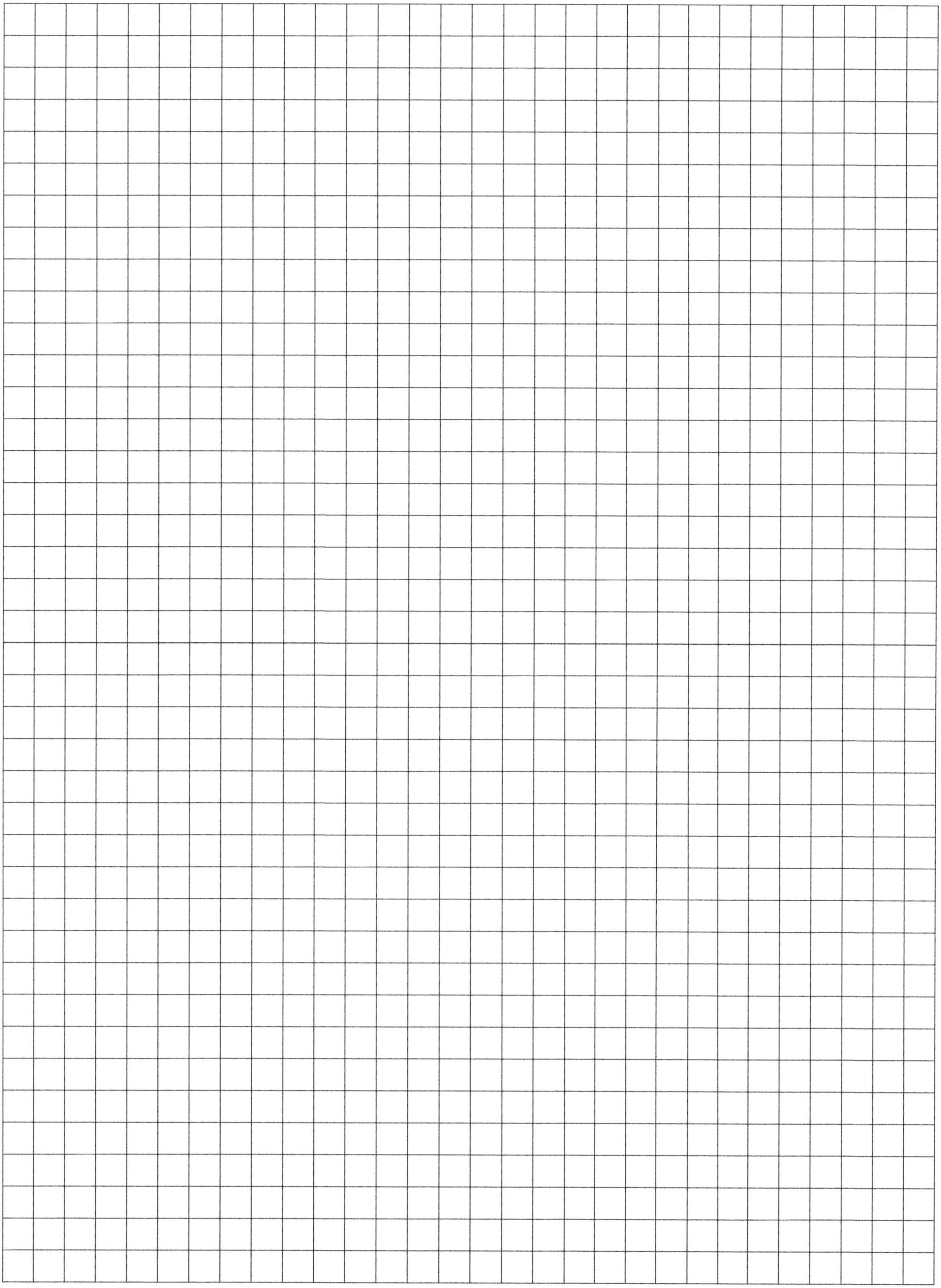

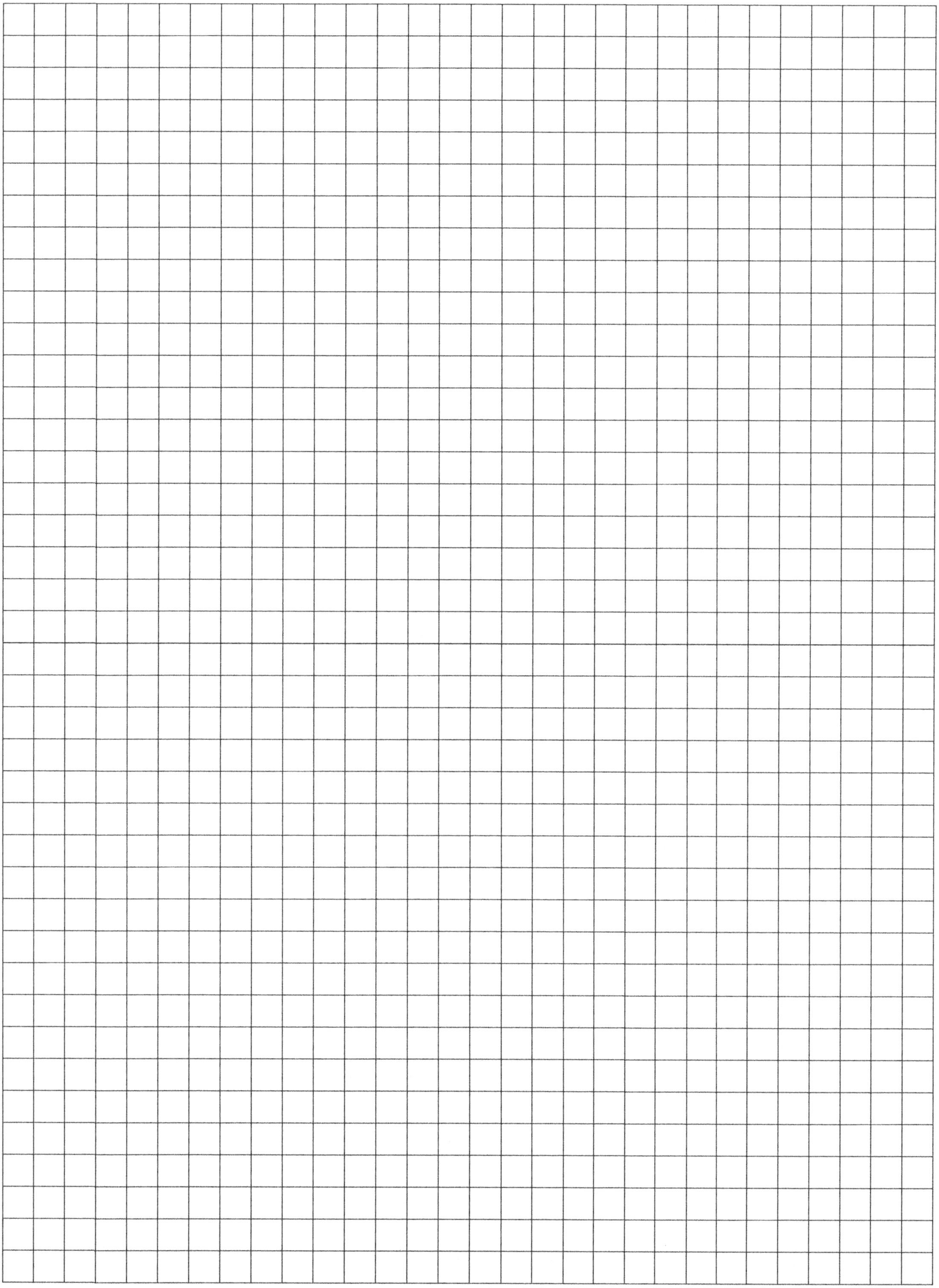

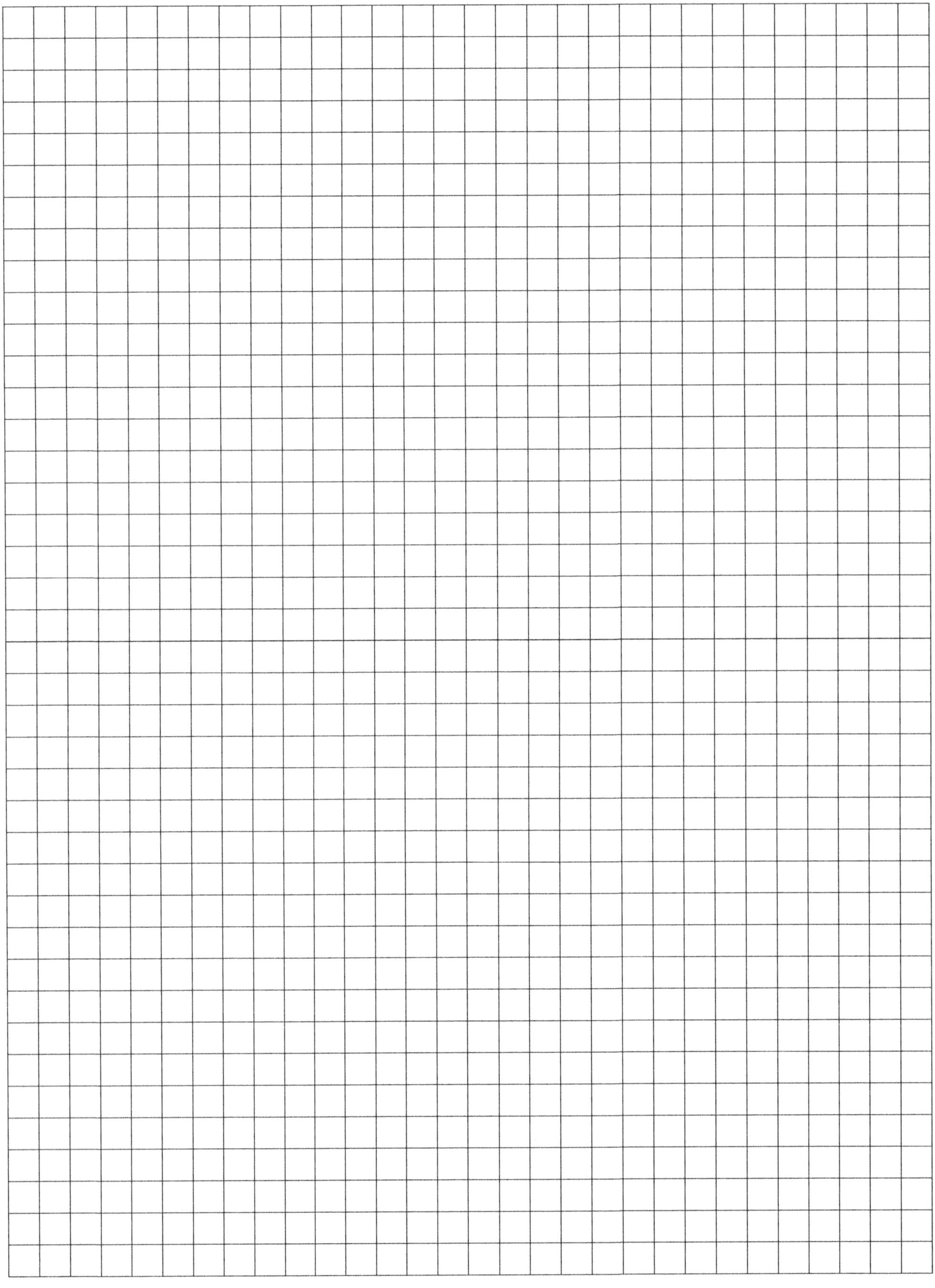

Made in the USA
Monee, IL
22 December 2020

55358483R10059